Chicville et Ernest Blum

Crockhète et ses lions

a propos en 2 actes

Paris
1869

CROCKBÊTE

ET SES LIONS

A-PROPOS-VAUDEVILLE

EN DEUX ACTES

PAR

MM. CLAIRVILLE ET ERNEST BLUM

Représenté pour la première fois, à Paris, sur le théâtre des Variétés,
le 26 mars 1863.

PARIS

MICHEL LÉVY FRÈRES, LIBRAIRES ÉDITEURS

RUE VIVIENNE, 2 BIS, ET BOULEVARD DES ITALIENS, 15

A LA LIBRAIRIE-NOUVELLE

—

1863

ANATOLE GÉRARD...................... MM. Kopp.

CROCKBÈTE, dompteur............. Ambroise.

CACTUS, oncle d'Anatole, savant... Ch. Potier.

LÉPÉE, garde champêtre........... Ch. Blondelet.

BIBOCHET, pitre de Crockbète..... A. Guyon.

MADRAS...........dᵒ............. Hittemans.

RAMASSÉ...........dᵒ............. Courtès.

M. LAMADOU..................... Bénédick.

Un Pompier....................... Albert.

ZULADINE, fille de Crockbète...... Mˡˡᵉˢ L. Durand.

MADAME LAMADOU............... Hélène.

Pompiers, Musiciens, Paysans, Paysannes.

Toutes les indications sont prises de la gauche et de la droite du spectateur. — Les personnages sont inscrits en tête des scènes dans l'ordre
qu'ils occupent au théâtre. — Les changements de position sont indiqué
par des renvois.

CROCKBÊTE

ET SES LIONS

ACTE PREMIER

Intérieur de la baraque de Crockbête. — Face au public, une vaste cage
à lions. — Entrée des spectateurs à gauche. — Autre porte à droite.
— Des bancs disposés à gauche, pour le public.

SCÈNE PREMIÈRE

ZULADINE, MADRAS, BIBOCHET, CROCKBÊTE, RAMASSÉ.

Les trois jeunes gens sont en lions, Crockbête en dompteur, Zuladine en
costume négligé de saltimbanque. — Au lever du rideau, Crockbête fait
répéter les lions. Il est assis sur Ramassé. Madras a les deux bras posés
sur ses épaules et Bibochet se dispose à sauter dans un cerceau tenu par
le dompteur. — Zuladine assise à gauche regarde la répétition.

CROCKBÊTE, tenant le cerceau.

Allons!... houp!... saute!... (Bibochet prend son élan, va sauter
et s'arrête pour arranger un fil à son pied.)

CROCKBÊTE.

Raté! c'est à recommencer... tâche de mieux prendre ton
élan cette fois-ci. (A Ramassé qui bouge, lui donnant un coup de
badine.) Tiens-toi donc tranquille, toi!... qu'est-ce qui te
démange? (A Bibochet.) Une, deux!... (Bibochet saute.) enlevé!...

ZULADINE, se levant *.

Bravo!

* Zuladine, Crockbête, Bibochet, Madras, Ramassé.

CROCKBÊTE.

Oui... le saut n'ira pas mal... A la visite du palais maintenant ! Zuladine... tu es prête ?

ZULADINE.

Oui, papa.

CROCKBÊTE.

Tu sais ce que tu as à faire... un évanouissement prolongé... ça émotionne les spectateurs...

ZULADINE.

Et ça fait de la réclame.

CROCKBÊTE.

Répétons, répétons... on ne saurait trop répéter ces choses-là... ici, Bibochet... debout !... faites le beau !... (Bibochet s'approche et se lève sur ses pattes de derrière.) Valsez !... (Bibochet tourne sur lui-même.) Bien !... maintenant, ouvre la bouche ! (Bibochet obéit.) Plus grande donc ! Comment veux-tu que je fourre ma tête là-dedans ! La... une, deux.

ZULADINE, s'évanouissant.

Ah !

CROCKBÊTE.

Trop tôt !... c'est trois fois trop tôt... attends que je sois entre la vie et la mort et dis la phrase convenue.

ZULADINE.

Oui, papa.

CROCKBÊTE.

Si tu t'évanouis avant la réplique, nous passerons pour des saltimbanques... recommençons... (Répétant.) Messieurs et mesdames, voyez cette forêt de crocs... qui n'est nullement préparée... un seul suffirait à déraciner les pyramides d'Égypte ! Eh bien, je vais lui confier mon occiput, sans pâlir.

ZULADINE, jouant l'émotion.

Mon Dieu ! sauvez mon père !

CROCKBÊTE.

Très-bien... maintenant, prépare ta syncope... Messieurs, Mesdames, cet exercice sera pour avoir l'honneur d'exposer mes jours, pour remercier l'honorable société... une, deux... (Il met sa tête dans la gueule du lion.)

ZULADINE, jetant un cri.

Ah ! je me trouve mal ! (Elle s'évanouit.)

CROCKBÊTE.

Parfait, c'est réglé... tu peux revenir à toi... ça ira très-bien... et vous autres, retirez-vos têtes, la séance est levée. (Les trois jeunes gens obéissent.)

BIBOCHET*.

Ouf! je respire!

RAMASSÉ.

Je n'en puis plus!

MADRAS.

Oh! la, la! qu'il fait chaud là-dedans!

RAMASSÉ.

Je commençais à tourner au gratin!

MADRAS.

Moi, j'avais mon front qui m'entrait dans l'œil.

CROCKBÊTE.

Enfant, rien ne se fait sans douleur, ici-bas!... L'art veut des victimes... nous sommes tous les cinq des victimes de l'art.

BIBOCHET.

Merci... avec ça que vous avez choisi le plus vilain rôle, vous.

MADRAS.

C'est vous qui fichez les coups et c'est nous qui les recevons.

CROCKBÊTE.

Vous avez la part du lion... moi, celle de l'homme. C'était mon droit, comme patron et comme inventeur de l'idée... car j'ose dire qu'elle est chenue, l'idée!... Coulanges-la-Vineuse dont nous avons l'honneur de fouler en ce moment le sol hospitalier, laissait péricliter nos exercices... nous étions perdus, ruinés.

TOUS.

C'est vrai.

CROCKBÊTE.

AIR de *Montaubry*, — *Bal de la halle*.

> Le public, c'est décourageant,
> Devient tellement exigeant
> Qu'un saltimbanque intelligent
> Doit le tromper pour son argent.

RAMASSÉ.

> Chez nous plus d'une famille
> Se ferait, jusqu'aux enfants,
> Croquer par le crocodile
> Pour mieux voir s'il a des dents.

* Madras, Zuladine, Crockbête, Bibochet, Ramassé.

MADRAS.

Quand je faisais le phoque, à Meaux,
Chacun me jetait des gâteaux.
Je l'ai refait à Châteauroux,
Et l'on m'a jeté des cailloux.

ZULADINE.

Comme fille antropophage,
Jadis au public je plus,
Mais quand je me dis sauvage,
Personne ne me croit plus.

CROCKBÊTE.

Or, fort heureusement j'appris
Qu'un dompteur au cirque, à Paris,
Gagnait déjà des millions
En jonglant avec des lions.
Pour singer les grandes villes,
Avec trois peaux de moutons
Recouvrant trois imbéciles,
J'ai fabriqué trois lions.

Le public, c'est décourageant,
Devient tellement exigeant,
Qu'un saltimbanque intelligent
Doit le tromper pour son argent.

REPRISE ENSEMBLE.

Le public, c'est décourageant, etc.

ZULADINE.

Et aujourd'hui même ouverture des séances du sieur
Crockbête, le célèbre dompteur portugais...

CROCKBÊTE.

Ça n'est pas plus difficile que ça !

BIBOCHET.

Le tout est de savoir si le public mordra à nos peaux.

CROCKBÊTE.

Gardez-vous d'en douter, enfants!... nous avons pour
nous la mode... cette déesse aussi myope que capricieuse...
(Tirant sa montre.) Trois heures, voici le moment d'aller cueillir
ma permission à la mairie... pendant ce temps, vous
autres... allez vous repaître dans le fourgon, ne mangez pas
tout le jambonneau, et prenez garde d'être aperçus. Toi,
Zuladine, fais le ménage ! du zèle, mes enfants ! qui sait,
dans six mois, nous aurons peut-être chacun six cents francs
de rente, on ne sait pas.

AIR : *Dans nos petites faiblesses.*

Sur la route commune,
L'homme ici-bas doit en tous temps
Compter sur la fortune,
Et sur la sottise des gens.

C'est en lions que tous vous êtes,
Et la fortune, mes amis,
Enrichit souvent tant de bêtes
Que vous pouvez être enrichis.

REPRISE ENSEMBLE.

Sur la route commune, etc.

(Crockbête sort à gauche. — Madras et Ramassé entrent à droite. Bibochet
va pour les suivre et s'arrête.)

SCÈNE II

ZULADINE, BIBOCHET.

BIBOCHET, à part.

Seul avec elle, dans ce costume, qui devrait me donner
de l'audace... Eh ben, j'ose pas.

ZULADINE.

Eh bien, monsieur Bibochet... vous voilà donc élevé au
grade de lion... Ça vous fait-il plaisir...

BIBOCHET.

Je vas vous dire... ça me fait plaisir d'un côté et ça m'em-
bête de l'autre.

ZULADINE.

Pourquoi donc ça?...

BIBOCHET.

Dame... être forcé de fourrer ma tête dans une en
carton.

ZULADINE.

Et vous tenez à ce qu'on la voie votre tête à vous...

BIBOCHET.

Dame, ça peut faire plaisir à quelques personnes... l'autre
est peut-être mieux moulée... mais enfin, en montrant la
mienne, j'ai plus de chance de faire une passion.

ZULADINE.

Vraiment, vous pensez donc au mariage, monsieur
Bibochet?

BIBOCHET.

Eh! mon Dieu! l'homme n'est pas parfait. Et vous, mademoiselle Zuladine, il me semble que vous voilà en âge d'aller
demander à monsieur le maire la permission de tutoyer un
jeune homme.

ZULADINE.

Oh! moi, ça dépend.

AIR : *A Parthenay il y avait.* (Wekerlin.)

PREMIER COUPLET.

Si je m' mariais,
C'est que j' trouv'rais
Un p'tit jeune homme honnête ;
C'est qu'il me f'rait des yeux bien doux,
En me disant : j' vous ador', voyez-vous !
Mais c' garçon-là,
Landerirette,
Mais c' garçon-là,
Qui m' l'indiqu'ra ?

DEUXIÈME COUPLET.

BIBOCHET.

Si je m'ariais,
Si j'épousais
Un' jeun' personne honnête,
J' voudrais lui dir' d'un ton bien doux ;
Si ça vous va, mad'moisell' marions-nous...
Mais pour dir' ça,
Landerirette,
Mais pour dir' ça,
La voix m' manqu'ra !

TROISIÈME COUPLET.

ZULADINE.

Mais dam', pourtant,
Faut qu'un amant,
Ne soit pas trop bébête !
Il n'a qu'à dire, à deux genoux ;
Ah ! mad'moisell', je vous aime, aimons-nous !

BIBOCHET.

Mais qu' répondra,
Landerirette,
La d'moiselle, à
Qui j' dirai ça ?

ENSEMBLE.

BIBOCHET.

Mais qu' répondra, *etc.*

ZULADINE.

Toujours, oui-da,
Landerirette,
A ce mot-là
On répondra.

(A part.) C'est pas un lion, c'est un cornichon.

BIBOCHET.

Je m'en vas casser une croûte avec les autres... à tout à l'heure, mademoiselle Zuladine.

ZULADINE, brusquement.

A tout à l'heure...

BIBOCHET.

Vous ne m'en voulez pas ?...

ZULADINE.

De quoi donc ?

BIBOCHET.

De ce que je vous ai dit ?

ZULADINE.

Mais vous ne m'avez rien dit...

BIBOCHET.

C'est vrai... (Prenant une résolution.) Eh bien ! Tenez... tant pire !

ZULADINE.

Eh bien?

BIBOCHET, à part.

Non... jamais je n'aurai ce toupet-là ! c'est pas la peine ! (Haut.) Je vas casser une croûte !

ZULADINE, qui, dépitée, est allée entr'ouvrir les toiles de la baraque, à gauche.

Ah ! mon Dieu, là-bas, c'est lui.

BIBOCHET.

Qui donc?

ZULADINE.

M. Anatole Gérard.

BIBOCHET.

Le mirliflor de Paris?

ZULADINE.

Il vient ici. Sauvez-vous !

BIBOCHET.

Mais pourquoi qu'il vient?

ZULADINE.

Pour me faire la cour... le voilà, sauvez-vous.

BIBOCHET.

Oh ! c'est à en avaler sa tête. (Il sort par la droite.)

SCÈNE III

ZULADINE, puis ANATOLE.

ZULADINE.

Il est jaloux, tant mieux, ça le décidera peut-être.

ANATOLE, passant sa tête à travers les toiles, à gauche*.

Peut-on entrer ?

ZULADINE.

Entrez, monsieur Anatole, entrez.

ANATOLE, entrant.

Salut à la belle des belles... vous êtes seule...

ZULADINE.

Oui, je ne suis que moi...

ANATOLE.

Alors je m'infiltre. (Il se dirige vers la droite.)

ZULADINE **.

Où allez-vous donc par là !

ANATOLE.

M'assurer qu'une extrême solitude nous environne.

ZULADINE.

J'ai cru que vous vouliez entrer chez les lions.

ANATOLE, effrayé, reculant.

Les lions... bigre ! est-ce qu'il y a du danger ?... (Il a repassé à gauche.)

ZULADINE ***.

Vous avez peur ?

ANATOLE.

Peur, moi ! un lion de Paris craindre des lions forains... non... certainement je n'ai pas peur... cependant un tête-à-tête avec une jeune fille et trois lions me séduirait peu, je ne vous le cache pas. Est-ce que vraiment ce sont des lions véritables ?

ZULADINE.

Vous en doutez ?

ANATOLE.

C'est que je vais vous dire... il est si blagueur, votre illustre père !

ZULADINE.

Monsieur Anatole !...

ANATOLE.

C'est votre père, je le respecte, mais c'est un mariole. Du reste, j'aime assez cela les marioles, surtout quand ils ont des filles qui vous ressemblent. (Avec élan.) Ah ! Zuladine !...

* Anatole, Zuladine.
** Zuladine, Anatole.
*** Anatole, Zuladine.

ZULADINE, se reculant.

Eh bien !...

ANATOLE.

Ne faites pas attention... c'est une déclaration. Ah ! Zuladine, j'éprouve le besoin de vous faire une profession de foi.

ZULADINE.

C'est qu'il faut que j'aille porter à manger aux bêtes.

ANATOLE.

Ah ! Zuladine, pouvez-vous penser aux bêtes, quand je suis là.

ZULADINE.

Eh bien, parlez.

ANATOLE.

Vous me connaissez, Zuladine, vous savez que je suis le neveu du célèbre Cactus, un savant de ce pays. Mon oncle, aussi savant que propriétaire, à mesure que ses cheveux diminuent, augmente ses loyers... C'est assez vous dire que sous le rapport de la fortune, je suis assez réussi... Qu'est-ce que vous diriez d'un balcon au midi, rue du Pas-de-la-Mule, et d'une demi-loge à l'année au théâtre Beaumarchais ?...

ZULADINE.

Je dirais qu'il faut que j'aille porter à manger aux bêtes.

ANATOLE.

Encore !

ZULADINE.

Dame, à moins que vous ne vouliez y aller vous-même.

ANATOLE.

Non, non... mais elles peuvent attendre... je suis plus pressé, je suis plus affamé qu'elles.

Air : *Voici le réveille-matin.*

PREMIER COUPLET.

Voyez mon impatience,
  J'y succomberais !
J'ai faim d'un mot d'espérance...
  Je dévorerais !
Tous ces charmes qui me tentent,
  Oui, j'en suis friand !
Et ces primeurs qui m'enchantent
  Me rendent gourmand !
(Rugissements dans la coulisse.)
  Hom ! hom ! hom ! hom !

ZULADINE.

Les bêtes s'impatientent...
  (Rugissements.)
Hom ! hom !

ANATOLE, qui s'est reculé.

C'est très-effrayant !

DEUXIÈME COUPLET.

ZULADINE.

Fuyez ce péril extrême !

ANATOLE.

Un mot seulement ?...
Ah ! dites-moi : je vous aime !

ZULADINE.

Pas en ce moment.

ANATOLE.

Ces paroles désolantes
  Causent mon tourment ;
Mes passions sont ardentes,
  Je suis exigeant !
    (Rugissements.)
Hom ! hom ! hom ! hom !

ZULADINE.

Les bêtes sont exigeantes.
    (Rugissements.)
    Hom ! hom !

ANATOLE.

C'est très-effrayant !

(Avec fen.) Mais n'importe, vous ne me quitterez pas sans m'avoir dit... (Ici un grand bruit, un rugissement féroce, et, par la droite, l'entrée de Bibochet en lion. — Anatole se sauve par la gauche en criant.) Le lion !... au secours ! au secours !

SCÈNE IV

BIBOCHET, ZULADINE.

ZULADINE et BIBOCHET, riant aux éclats.

Ah ! ah ! ah ! ah !

ZULADINE.

A-t-il peur ! a-t-il peur ! se sauve-t-il !

BIBOCHET, retirant sa tête.

Enfoncé le gandin !

ZULADINE.

Comment, monsieur Bibochet, c'est vous !

BIBOCHET.

Oui, c'est moi... qui regrette de n'être pas un vrai lion.

ZULADINE.

Pourquoi donc ?

BIBOCHET.

Parce que j'aurais pu le dévorer sans craindre la justice des hommes... avoir la bassesse de vous offrir des balcons au midi et des loges à l'année... à vous!...

ZULADINE.

Vous écoutiez donc?

BIBOCHET.

Oui, j'écoutais... et je rugissais.

ZULADINE.

Ça vous fait donc quelque chose?

BIBOCHET.

Si ça me fait quelque chose!... misère et splendeurs! elle me demande si ça me fait quelque chose!... Mais sous ma peau de lion, je suis jaloux comme un tigre!...

ZULADINE.

Vous?... (A part.) Allons donc!... (haut) jaloux de M. Anatole!...

BIBOCHET.

Eh bien, oui... voilà le grand mot lâché...

AIR : du *Petit clerc*. (Fortunio.)

PREMIER COUPLET.

V'oui, depuis une éternité,
Jeune et séduisante beauté,
   Je vous idole!

ZULADINE.

Votre parole?
Vous m'idolez...

BIBOCHET.

     Je vous idole!
Si j'ai caché ce que je dis,
C'est que je n'ai pas une obole,
Pas un navet, pas un radis!

ZULADINE.

Bah! quand on s'aime
   D'amour extrême,
Notre cœur, pour faire tic-tac,
N'a pas besoin d'avoir le sac. (Bis.)

DEUXIÈME COUPLET.

BIBOCHET.

Pour vous j'ai pris l' goût des beaux arts,
D' la voltige et des grands écarts.
   Dans vot' famille,
   O jeune fille,
Si j'ai fait l' phoque et l' crocodile,
L'homme poisson, la femm' géant,
C'était pour voir votre œil qui brille
Et pour gagner un peu d'argent.

ZULADINE.

Bah! quand on s'aime
D'amour extrême...

ENSEMBLE.

Notre cœur, pour faire tic-tac,
N'a pas besoin d'avoir le sac.

BIBOCHET, tombant à genoux.

Ah! permettez à un lion amoureux de vous demander
votre main.

SCÈNE V

Les Mêmes, CROCKBÊTE.

CROCKBÊTE, entrant par la gauche.*

Mon lion qui veut épouser ma fille!

BIBOCHET, se relevant et passant à droite, à part.

Le patron! Pincé!

CROCKBÊTE**.

Horrible tableau! Bibochet, m'expliquerez-vous....

BIBOCHET.

Patron, je...

CROKBÊTE, faisant passer Zuladine à gauche.

Et toi, imprudente ingénuité, me diras-tu ce que signifie
cette scène de marivaudage?

ZULADINE***.

Eh bien, oui, je vais vous le dire... M. Bibochet me disait
qu'il m'aimait, et moi...

CROCKBÊTE.

Et toi?

ZULADINE.

Et moi, je lui disais que papa serait bien gentil... oh!
mais là bien gentil de nous marier tous les deux, le mois
prochain!...

CROCKBÊTE.

Tu l'aimes donc aussi, petite malheureuse?

ZULADINE.

Eh bien, oui là! je l'aime... Il n'a pas le sou, il n'est pas
beau, il n'a pas d'esprit, mais je l'aime!

* Crockbête, Bibochet, Zuladine.
** Crockbête, Zuladine, Bibochet.
*** Zuladine, Crockbête, Bibochet.

BIBOCHET, à part, avec transport.

O mon Dieu! faites-moi vivre longtemps!

CROCKBÈTE.

Ma fille... ma propre fille amoureuse d'un saltimbanque!

BIBOCHET.

Mais qu'est-ce que vous êtes donc, vous?

CROCKBÈTE.

Qui je suis?... je suis son père d'abord et ton patron ensuite. Comme père, voici ma réponse : l'éducation de ma fille m'a coûté des prix fous !... j'ai failli lui donner des maîtres d'anglais et de piano; et elle a appris toute seule à jouer du cor comme M. Vivier, et à chanter comme madame Ugalde... Je veux être remboursé de tous ces frais... toi qui aspires à sa main, as-tu la somme nécessaire?

BIBOCHET.

Et quelle est cette somme ?

CROCKBÈTE.

Cent francs !

BIBOCHET, sautant.

Cent francs! une fortune !

CROCKBÈTE.

Si tu les as... nous allons passer dans mon cabinet poser les bases du contrat.

BIBOCHET.

Mais vous êtes fou à mettre deux camisoles... mais si j'avais cent francs, je serais à Bade, où je jouerais le maximum.

CROCKBÈTE.

Alors, je reprends la parole comme patron, et je te dis : la première fois qu'il t'arrivera de murmurer à ma fille en dehors du service, je te casse une dent.

BIBOCHET.

Mais...

ZULADINE.

Papa !...

CROCKBÈTE.

Silence ! j'ai dit..., et pas d'amendement !... (à Zuladine.) sur ce, va te requinquer dans ta cellule... (A Bibochet.) et toi, va rejoindre tes compagnons de plaisir, car l'heure de la représentation s'avance !

BIBOCHET, à part.

Faire le lion avec la douleur dans le cœur !...

CROCKBÈTE.

Et ne rugissons pas! vous savez que ça n'est pas moi qui
ai inventé la patience!... en route!

AIR : du *Marché des Innocents.*

Allons, partons,
Hâtons-nous, dépêchons,
Vous le savez, bientôt nous commençons.
Soyons tous prêts,
Et surtout désormais,
Ne pensons qu'au succès.

BIBOCHET, à part.

Eh! quoi, refusé!... c'est atroce!
Certes je n'ai rien d'un lion...
Et pourtant je deviens féroce,
Je deviens féroce pour de bon!

ENSEMBLE.

Allons, partons, etc.

(Zuladine et Bibochet sortent par la droite.)

SCÈNE VI

CROCKBÈTE, puis CACTUS.

CROCKBÈTE, seul.

Encore une nouvelle tuile!... comme si je n'avais pas
assez déjà de celle que je viens de recevoir. Monsieur l'adjoint qui ne veut pas me délivrer de permission avant de
s'être assuré par lui-même que les habitants de Coulanges-la-
Vineuse ne courent aucun danger avec mes lions, et c'est
quand je suis perplexe pour le sort de ma représentation
que mon premier lion et ma fille unique osent parler d'a-
mour! (On frappe à gauche.) On frappe... c'est monsieur l'adjoint... je suis ému.

CACTUS, soulevant la toile à gauche.*

Puis-je entrer?

CROCKBÈTE, à part.

Ce n'est pas lui!...

CACTUS, entrant.

Monsieur Crockbête... j'ai l'honneur de déposer devant
vous tout ce que j'ai sur moi d'hommages et d'admiration.

CROCKBÈTE.

A qui ai-je l'honneur?

* Cactus, Crockbête.

CACTUS.

Cactus... savant... un des gros bonnets du pays...

CROCKBÊTE.

Monsieur Cactus... l'oncle de M. Anatole... le célèbre Cactus chez moi... donnez-vous donc la peine de vous asseoir... (A part.) c'est un gêneur...

CACTUS.

Monsieur, je commence par vous déclarer que je n'ai aucune mission du gouvernement... je viens voir vos bêtes, en amateur... j'ai pensé que mes titres de savant et de membre correspondant de l'académie de Bougival...

CROCKBÊTE.

Sont suffisants, monsieur, ultra suffisants...

CACTUS.

Monsieur, j'ai beaucoup étudié le lion ! C'est le roi des animaux...

CROCKBÊTE.

Tout le monde s'accorde à le dire... c'est peut-être le seul cas sur lequel les journaux de toutes les nuances soient de la même opinion.

CACTUS.

Buffon déclare qu'il est facile de le dompter, quand on peut s'en rendre maître. A quel sexe appartiennent vos lions ?

CROCKBÊTE.

Au sexe masculin et au sexe féminin.

CACTUS.

C'est un ménage... il est à remarquer que les mâles se laissent plus volontiers mener que les femelles... ils l'emportent sur leurs compagnes par la douceur et l'intelligence : j'en ai connu un bien remarquable, moi qui vous parle.

CROCKBÊTE.

Un vrai lion ?....

CACTUS.

Oui, monsieur... et voici le fait... dans les guerres d'Afrique, il avait été sauvé d'une mort à peu près certaine par un officier d'infanterie : une patte blessée, un pansement... et cœtera... Ce lion, reconnaissant comme le lion de Florence...

CROCKBÊTE.

Comme tous les lions.

CACTUS.

Comme tous les lions !... ce lion, dis-je, n'avait pas tardé à

s'apercevoir que son bienfaiteur gémissait de servir dans
l'infanterie. Il comprit son désir de passer dans la cavalerie,
et une nuit, il le prit dans sa gueule et le porta au beau
milieu d'un régiment de dragons, dont il dévora immédiate-
ment le capitaine, afin de procurer ainsi un grade à son
libérateur.

CROCKBÈTE.

Ça ne me surprend pas ! vous en verrez bien d'autres dans
mes mémoires d'outre-cage. (A part.) qu'est-ce qui m'a envoyé
cet idiot-là ?...

CACTUS.

Je ne vous cacherai pas que je précède notre garde
champêtre de quelques instants... j'étais à la mairie quand
il a reçu l'ordre de venir visiter scrupuleusement vos
accessoires.

CROCKBÈTE.

Comment, ce n'est donc pas M. l'adjoint lui-même ?...

CACTUS.

M. l'adjoint vient d'être pris tout à coup d'un mal de
dents... il a délégué ses pouvoirs à son subalterne.

CROCKBÈTE, à part.

J'aime autant ça.

CACTUS.

Je ne suis pas fâché d'assister à cette visite... ayant
beaucoup étudié le lion, si je puis vous éclairer de mes
lumières...

CROCKBÈTE.

Comment donc, monsieur... mais tout l'avantage est de
mon côté. (A part.) Si le garde champêtre est de cette force-là,
ça me rassure.

<h1 style="text-align:center">SCÈNE VII</h1>

Les Mêmes, LÉPÉE.

LÉPÉE, entrant par la gauche *.

Le sieur Crockbéte, sans vous commander ?

CACTUS.

Ah ! voici nos autorités !...

CROCKBÈTE, allant à Lépée **.

C'est moi, cher monsieur Lépée.

* Lépée, Cactus, Crockbéte.
** Lépée, Crockbéte, Cactus.

LÉPÉE.

Je le savais... mais dans l'exercice de mes fonctions je ne dois reconnaître personne. Veuillez me montrer vos bêtes !

CROCKBÊTE.

Mes bêtes !... c'est qu'en ce moment elles prennent leur nourriture dans leur cage à manger.

CACTUS.

C'est l'instant le plus pittoresque.

CROCKBÊTE.

Je ne veux rien refuser aux autorités... mais mon devoir est de vous avertir, cher monsieur Lépée, que, lorsqu'elles mangent, elles sont d'une férocité à faire frémir des villes de trois mille âmes !

CACTUS, passant près de Lépée*.

Ça ne m'étonne pas... tous les animaux carnassiers sont inabordables à l'heure des repas ; mais, pour être juste, j'ai remarqué que les lions, lorsqu'ils ont mangé, n'ont plus faim... et alors, le danger s'évanouit...

LÉPÉE.

Alors, je peux les approcher...

CACTUS.

Je ne le conseillerais pas à mes amis, je le défendrais à mes parents et à toutes les personnes qui me sont chères... mais vous, Lépée, votre devoir est d'y entrer... allez-y.

CROCKBÊTE, à part.

Mais c'est le ciel qui m'a envoyé ce crétin-là...

LÉPÉE, hésitant.

Allez-y... allez-y...

CACTUS.

Si je n'étais pas père de famille d'un neveu qui me doit tout, je vous accompagnerais comme savant ; mais je connais mon neveu, il lui serait pénible d'hériter de moi avant l'époque de ma mort, et c'est pour cela que je reste à vous attendre ici avec monsieur... Allez-y, Lépée , allez-y. (Il le pousse vers la droite.)

CROCKBÊTE**.

Allez-y, Lépée !

LÉPÉE.

Un instant ! un instant ! ce n'est pas là ma mission, les lions ne me regardent pas... Si monsieur est dévoré, c'est

* Lépée, Cactus, Crockbête.
** Cactus, Lépée, Crockbête.

égal à monsieur l'adjoint, nous ne devons veiller qu'à la
sécurité des habitants de Coulanges-la-Vineuse. Ce que je dois
examiner, c'est la cage, les barreaux... Monsieur Crockbête,
au nom de la loi, montrez-moi votre cage !...

CROCKBÊTE.

Elle est derrière vous...

LÉPÉE, qui recule un peu de peur.

C'est juste... en quoi qu'ils sont les barreaux ?

CROCKBÊTE.

En fer !... en fer forgé, laminé !...

CACTUS.

Ça ne m'étonne pas... le bois ne serait pas assez solide.

LÉPÉE.

Il n'y a aucune *inssue* ?

CROCKBÊTE.

Plaît-il ?...

LÉPÉE.

Il n'y a aucune *inssue* ?

CACTUS, à Crockbête.

Issue !...

LÉPÉE.

Oui... c'est la chaleur... (Il s'essuie le front, répétant.) Il n'y
a aucune *inssue* par où qu'on puisse sortir?

CROCKBÊTE, comprenant.

Ah !... pas de quoi passer un lapin.

LÉPÉE.

Dans ce cas, monsieur Crockbête... voici votre permission.
(Il la lui donne.)

CROCKBÊTE, à part.

Enfin !

LÉPÉE.

Je vais aller faire mon rapport à la mairie... et dire que
j'ai tout vu par moi-même, comme mon devoir m'y obli-
geait... Restez-vous, M. Cactus?

CACTUS.

Non, je vais avec vous... (Allant à Crockbête.) Monsieur
Crockbête, mes hommages*!

* Lépée, Cactus, Crockbête.

Air : *Titi lariti.*

J'ai quelque temps encore ;
Profitons de cela,
Mais chacun ici me verra,
Aussitôt qu'on commencera.
(A Crockbête.)
Car, si l'on vous dévore,
Moi, je veux être là.

CROCKBÈTE.

Merci, grand merci.

CACTUS.

S'il en est ainsi,
Retenez ceci,
Je veux être ici.

ENSEMBLE.

LÉPÉE.	CACTUS.
Et moi, comme lui,	C'est mon seul souci,
Retenez ceci :	S'il en est ainsi,
S'il en est ainsi,	Retenez ceci :
Je veux être ici.	Je veux être ici.

CROCKBÊTE.

Merci, grand merci,
Je retiens ceci :
S'il en est ainsi,
Vous serez ici.

(Cactus et Lépée sortent par la gauche.)

SCÈNE VIII

CROCKBÈTE, puis BIBOCHET, MADRAS, RAMASSÉ.

CROCKBÈTE.

Victoire ! j'ai ma permission... oh ! les oies, les idiots !
mais occupons-nous maintenant de la représentation... Ohé !
vous autres... arrivez... il n'y a plus personne ! (Entrée des
lions par la droite. Ils ont leurs têtes sous le bras.)

BIBOCHET *.

Voilà !...

CROCKBÈTE.

Entrez dans la cage... nous allons commencer... je
n'ai qu'à ouvrir les portes, car la foule s'y presse. (Les trois
lions ne bougent pas.) Eh bien... est-ce qu'on ne m'a pas en-
tendu ?

---

* Crockbête, Bibochet, Madras, Ramassé.

BIBOCHET,

Monsieur Crockbête... ces messieurs et moi nous avons à vous parler d'affaires.

CROCKBÊTE.

Comment, d'affaires ?...

RAMASSÉ.

Oui !

MADRAS.

D'affaires sérieuses.

CROCBBÊTE, à part.

Qu'est-ce qui leur prend ?...

BIBOCHET,

Monsieur Crockbête... ces messieurs et moi nous vous donnons notre démission de lions.

CROCKBÊTE.

Bon ! autre chose à présent... Et pourquoi ?

MADRAS.

Notre conscience s'oppose à ce que nous trompions le public.

BIBOCHET.

Nous sommes avant tout des artistes... et notre mission est de faire respecter l'art.

RAMASSÉ.

D'empêcher qu'on ne le falsifie : nous sommes de faux lions.

MADRAS.

Des lions belges.

BIBOCHET.

C'est pourquoi ces messieurs et moi nous avons l'honneur de remettre nos têtes entre vos mains. (Ils présentent leurs têtes.)

CROCKBÊTE.

Mais vous devenez fous !... et le public qui est là, et la fortune qui nous attend !... Vous voulez donc piétiner sur votre fortune ?

BIBOCHET.

C'est justement à cause d'elle que nous refusons...

MADRAS.

Oui, nous trouvons que nous sommes bien bêtes de vous aider à vous enrichir, lorsque nous...

RAMASSÉ.

Nous ne touchons que vingt-cinq sous par jour !

CROCKBÊTE.

Ah !... Vous voulez une augmentation ?....

BIBOCHET.

Vous l'avez dit... nous voulons des feux !... Des lions tout crins à vingt-cinq sous par jour, c'est de la dérision !... nous exigeons une augmentation.

CROCKBÊTE.

Vous exigez ?

MADRAS.

C'est notre ultimaton !

CROCKBÊTE, furieux et passant au milieu *.

Hyène et panthère !... si je ne me retenais !...

BIBOCHET,

Oh ! pas de fureur... elle ne servirait de rien... nous sommes en nombre !...

CROCKBÊTE.

Mais c'est du chantage !...

BIBOCHET.

Le chantage est dans nos mœurs...

CROCKBÊTE.

Eh bien... voyons... combien voulez-vous ?

BIBOCHET.

Nous voulons quarante sous...

CROCKBÊTE.

Par jour ?

BIBOCHET.

Par jour !

CROCKBÊTE.

Mais c'est le traitement d'un premier ténor... mais pour quarante sous, j'aurais un vrai géant !

BIBOCHET.

Ce n'est pas tout...

CROCKBÊTE.

Comment, ce n'est pas tout ?...

RAMASSÉ.

Nous voulons une entre-côte tous les jours à dîner...

MADRAS.

Et de la salade à déjeuner...

CROCKBÊTE.

Mais c'est la ruine ! Prenez tout de suite des torches, des flambeaux, et brûlez ma propriété. (Ramassé passe près de Bibochet.)

* Madras, Bibochet, Crockbéte, Ramassé.

TOUS LES TROIS*.

C'est notre ultimaton !

CROCKBÊTE.

Mais vous faisiez le crocodile pour vingt sous... vous faisiez le phoque pour quinze et il y avait plus de mal... Vous étiez dans l'eau du matin au soir !

RAMASSÉ.

C'était en juin, ça nous procurait l'occasion de nous baigner.

BIBOCHET.

D'ailleurs le passé est passé... plus l'on va et plus on a de mérite... nous voulons qu'on paye notre mérite.

CROCKBÊTE.

Je refuse.

TOUS LES TROIS, présentant leurs têtes.

C'est bien... voici nos têtes...

CROCKBÊTE.

Mais...

BIBOCHET.

Ces messieurs et moi avons l'honneur de vous présenter nos têtes et nos respects...

TOUS LES TROIS, saluant.

Monsieur Crockbête... (Fausse sortie par la droite.)

CROCKBÊTE, à part**.

Mais c'est qu'ils s'en vont, les gredins !... (Haut.) Arrêtez, canailles... arrêtez !

BIBOCHET.

Quarante sous !

MADRAS.

De la salade !

RAMASSÉ.

Et de l'entre-côte !

CROCKBÊTE.

Non.

BIBOCHET, faisant un pas.

Allons nous déshabiller.

CROCKBÊTE.

Attendez ***!... (Il va à l'entrée à gauche, soulève le rideau et revient.) Je cède! vous avez raison... je suis un égoïste... le

* Madras, Bibochet, Ramassé, Crockbête.
** Crockbête, Madras, Bibochet, Ramassé.
*** Crockbête, Bibochet, Madras, Ramassé.

public arrive en masse... la recette sera belle... vous allez me faire gagner des sommes folles...

TOUS.

Dame, oui.

CROCKBÊTE.

Vous me demandez quarante sous ?... moi, je vous donne deux francs cinquante.

BIBOCHET.

Deux francs cinquante !

RAMASSÉ.

Et de l'entre-côte ?

MADRAS.

Et de la salade ?

CROCKBÊTE.

Et tout ! allons, gamins, touchez-là... marché conclu.

TOUS, lui serrant la main.

Ah ! monsieur Crockbête !...

CROCKBÊTE.

J'entends le peuple qui murmure à la porte de mon établissement... entrez donc dans la cage et remettez vos têtes... (Ils remettent leurs têtes.)

BIBOCHET.

Avec plaisir... il ne s'agit que de s'entendre avec vous...

CROCKBÊTE, les faisant entrer dans la cage.

Entrez... (Ils entrent.) Là... remettez vos têtes... c'est cela... (A part.) Ah ! vous avez voulu me faire chanter, !.. (Fermant la porte à double tour.) Ça y est !...

BIBOCHET *.

Eh bien, vous nous enfermez !...

CROCKBÊTE.

Ah ! gredins ! je vous tiens à présent...

LES TROIS LIONS.

Une trahison !

CROCKBÊTE.

Vous ferez les lions malgré vous !... et à quinze sous encore !

TOUS TROIS.

A quinze sous...

CROCKBÊTE.

Ah ! vous avez voulu lutter avec Crockbête... mais j'en ai dompté de plus malins que vous, mes maîtres !

* Crockbête, Madras, Bibochet, Ramassé.

BIBOCHET.

Oui ? eh bien, nous mangerons le morceau...

RAMASSÉ.

Nous ôterons nos têtes...

MADRAS.

Nous débinerons le truc. (Ils ôtent leurs têtes.)

CROCKBÈTE.

Et vous irez coucher en prison. Oh! mes drôles, vous croyez que je ne vous tiens pas... mais vous êtes des vagabonds, des gens sans aveu, sans papiers!... Que ma main protectrice cesse de vous soutenir et vous tomberez dans la fange qui vous a vu naître.

TOUS TROIS.

Pincés, nous sommes pincés ! (Murmures au dehors.)

CROCKBÈTE.

Mais le public grogne aux alentours de ma baraque... dérobez la rougeur de vos fronts dans vos têtes féroces, et soyez gentils, je ne vous dis que ça .. Soyez gentils!... (Il ferme les rideaux qui masquent la cage.) Je suis content de moi, je crois que j'ai dompté réellement mes lions. Maintenant ouvrons à monsieur le public. (Il soulève le rideau qui ferme l'entrée de la baraque à gauche; le public se précipite.)

SCÈNE IX

Les Mêmes, CACTUS, ANATOLE, LÉPÉE, Spectateurs
DES DEUX SEXES.

CHŒUR

De spectateurs effrayés.

Air : *Ah ! j'ai faim !* (Rothomago.)

Des lions,
Nous approchons !
De crainte
Notre âme est atteinte...
Avançons,
Mais commençons
Par nous méfier des lions.

CROCKBÈTE [*].

Messieurs, Mesdames et la compagnie, c'est pour avoir l'honneur de vous offrir une première et grande représentation des lions du désert... domptés par la simple persuasion

____

[*] Lépée, Cactus, Anatole, Crockbête.

de la supériorité de l'homme sur les animaux, quelque féroces qu'ils soient... ma fille, la célèbre Zuladine, première cantatrice des théâtres de Persépolis et de l'Isthme de Suède, va préluder par les sons les plus mélodieux aux exercices de monsieur son père, et la représentation sera terminée par un quatuor entre ma fille et les trois lions. Placez-vous et n'approchez pas de cette cage, si vous tenez à la vie. (Tout le monde s'en éloigne.) Dans un instant on frappe les trois coups. (Il sort par la droite, les spectateurs ont pris place sur les bancs.)

ANATOLE *.

Un quatuor entre sa fille et ses lions... (A un spectateur qui est assis à sa droite avec sa femme.) Ah ! c'est ce cher monsieur Lamadou... Vous avez amené votre épouse... Madame, je vous félicite ; votre présence à ce spectacle dénote chez vous une énergie peu commune.

LAMADOU.

Mais, croyez-vous qu'il n'y ait aucun danger ici ?

CACTUS.

Aucun... j'ai assisté à la visite faite par les autorités.

MADAME LAMADOU, à Cactus.

Vous avez vu les bêtes ?

CACTUS.

Comme je vous vois... (On entend frapper trois coups à droite.) Ah ! voilà le spectacle qui commence...

ANATOLE, regardant à la cantonade, à droite.

C'est elle!... qu'elle est belle!

SCÈNE X

LES MÊMES, ZULADINE, en costume, précédée de deux musiciens.

ZULADINE, entrant par la droite, et saluant **.

Messieurs, Mesdames... (On applaudit, Anatole lui jette un bouquet, Zuladine le ramasse et salue.)

ZULADINE.

La fille du dompteur de lions, mélodie pour piano. (Elle chante comiquement, accompagnée par une clarinette et un trombone.)

AIR : de *la Belle Polonaise.*

PREMIER COUPLET.

J' suis la fill' de mon père,
Un dompteur crâne et beau ;
C'est dans une tanière
Qu'il plaça mon berceau.

* Lépée, Cactus, Anatole.
** Lepée, Cactus, Anatole, Zuladine.

Dans les forêts séculaires,
J'ai goûté tous les bonheurs ;
J'avais des lions pour frères,
Et des lionnes pour sœurs.
Or, de caresses c'est à
A qui d'eux me dévora,
A qui d'eux me dé, me vo, me ra,
  Me dévora !

CHŒUR.

Et de caresses c'est à
A qui d'eux la dévora,
A qui d'eux la dé, la vo, la ra,
  La dévora.

(On applaudit ; Anatole lui jette un deuxième bouquet qu'elle ramasse.

DEUXIÈME COUPLET.

ZULADINE.

J'ai dompté, c'est magique,
Dompté, sans accident,
Bien des lions d'Afrique,
Et du boul'vard de Gand.
Les seconds sont moins féroces,
Plus gentils, et, quelquefois,
C'est dans leurs propres carrosses,
Que je les domptais au bois.
Et de caresses c'était
A qui d'eux me dévorait,
A qui d'eux me dé, me vo, me rait,
  Me dévorait !

CHŒUR.

Et de caresses c'était
A qui d'eux la dévorait,
A qui d'eux la dé, la vo, la rait,
  La dévorait !

(On applaudit, Anatole lui jette un troisième bouquet. Elle le ramasse.)

ZULADINE.

Moralité.

TROISIÈME COUPLET.

Mais je préfère encore
Le lion carnassier ;
Celui-là vous dévore,
Pour se rassasier.
Mais l'autre a, s'il est possible,
De plus cruels appetits...
Et sous sa griffe terrible,
A peine un tendron est pris,
Que le v'la déshonoré !
Mieux vaut qu'il soit dévoré,
Mieux vaut qu'il soit dé, soit vo, soit ré,
  Soit dévoré !

CHOEUR.

Le voilà déshonoré !
Mieux vaut qu'il soit dévoré,
Mieux vaut qu'il soit do, soit vo, soit ré,
Soit dévoré !

(On applaudit, Anatole jette un quatrième bouquet, Zuladine le ramasse
et salue, Crockbête rentre par la droite, en grand costume.)

CROCKBÊTE *.

Maintenant, messieurs et dames, nous allons passer à la
séance du domptage !... (Des paysans accourent avec des tabourets
et se placent avec empressement, pour être plus près.) Zuladine, au
rideau !

ZULADINE.

Oui, papa.

CACTUS, à son neveu qui s'est assis tout près de la cage.

Recule-toi, Anatole... j'ai étudié le lion... quand il voit
brusquement la lumière, il lui arrive de sauter sur le premier gigot venu.

ANATOLE, se reculant.

Mais puisqu'il y a une cage...

CROCKBÊTE, à Cactus.

J'implore le silence... Vous y êtes, Zuladine ?

ZULADINE.

Oui.

CROCKBÊTE.

Une, deux ! tirez ! (Zuladine obéit, la cage est vide.)

ZULADINE.

Eh bien, où sont-ils donc ?... je ne vois plus personne ?

CROCKBÊTE.

Comment personne... (Regardant.) Grands dieux ! ils se sont
échappés !

TOUS, se levant en tumulte.

Échappés !

CHOEUR.

Air de Geneviève.

Ah ! c'est épouvantable !
Les lions échappés !
Par eux attrapés,
Nous serons happés,
      Happés,
      Traqués,
      Croqués !

* Lépée, Cactus, Anatole, Crockbête, Zuladine.

D'un spectacle semblable
Fuyons, s'il en est temps,
Car ils sont vivants,
Car ils ont des dents !
Enfants, ils sont vivants !

(Ici, les trois lions paraissent sur le mur au-dessus de la cage et de la baraque. Tous les spectateurs qui allaient sortir, poussent un cri et rentrent.)

TOUS.

Ah ! les voici !... comment les prendre ?...
Ah ! mes amis, nous sommes frits !

CROCKBÈTE, aux lions.

Scélérats ! voulez-vous descendre...

(Les lions qui ont fait toutes sortes de gambades disparaissent de l'autre côté.)

TOUS.

Ciel ! Les voilà dans l' pays !...
Je frémis !

REPRISE EN CHŒUR.

Ah ! c'est épouvantable !
Etc.

(Tumulte ; tous se bousculent.)

ACTE DEUXIÈME

Une forêt. — Au milieu un gros arbre isolé et praticable. — A ganche,
sur le devant, un épais tallis devant lequel est un banc de gazon.

SCÈNE PREMIÈRE

LÉPÉE, CACTUS, ANATOLE, Paysans. Ils sont armés de
fusils et de fourches, et entrent avec précaution par la droite.

CHOEUR.

AIR :

Garde à nous !
Veillons tous,
Courage,
Et, loin du village,
Poursuivons
Les lions,
Et nous en triompherons !

LÉPÉE.

Vraiment, monsieur Cactus, vous croyez que les lions se
sont dirigés vers cette forêt.

CACTUS.

Ça ne m'étonnerait pas : les lions ne sont pas bien vus
dans l'intérieur des villages, ce qui leur fait préférer l'intérieur des forêts.

LÉPÉE.

Satané Crockbête qui laisse s'échapper ses acteurs !

CACTUS.

Je vous l'avais dit, Lépée, vous deviez, au risque de vos
jours, vous assurer par vos yeux des dangers que courait le
pays.

LÉPÉE.

Mais j'ai visité la cage.

CACTUS.

Superficiellement, Lépée, vous la visitâtes superficiellement... je dois le dire.

ANATOLE.

Il faut leur faire la chasse... nous ne pouvons pas rester avec ces animaux-là sur nos têtes !

CACTUS.

Je suis d'avis que l'on mette une sentinelle à tous les carrefours.

TOUS.

Une sentinelle !

CACTUS.

Tous les savants, et notamment l'auteur de Monte-Cristo, nous apprennent que le lion aime à voir son ennemi en face, et le premier de nous qui restera seul est à peu près sûr de voir accourir les trois lions.

TOUS.

Les trois lions !

CACTUS.

Cela vous fait peur.

Air : *Daignez m'épargner le reste*.

De poste en poste ainsi placés,
Notre présence les attire,
Et, quand ils se sont avancés,
Quand le premier qui les voit tire,
Tous nous accourons,

ANATOLE.

C'est risqué !

CACTUS.

Oui, de nos chasseurs, je l'atteste,
Le premier, par eux attaqué,
Peut-être bien sera croqué,
Mais il sauvera le reste.

LÉPÉE, remontant et allant d'un paysan à l'autre.

Il n'y a pas à hésiter. Toi, Vermoulu, tu vas te placer sur la lisière ; toi, Dupoiré, tu vas te porter à la croix, toi aux deux chemins, toi au rond-point, nous placerons les autres dans les massifs et moi... (Anatole a passé à gauche.)

CACTUS *.

Ici.

LÉPÉE.

Non. je retourne à la mairie, pour attendre les nouvelles et faire mon rapport ; c'est M. Anatole qui restera ici.

* Anatole, Cactus, Lépée.

ANATOLE.

Moi, du tout ; je suis mauvais tireur, je les manquerais.

LÉPÉE.

Comment, monsieur Gérard, vous qui portez un si beau nom...

CACTUS.

Il est de fait que tous les Gérard sont connus pour être les ennemis jurés des carnassiers.

ANATOLE.

Les Jules... mais moi... c'est Anatole. Ne confondons pas les Jules avec les Anatole.

UN PAYSAN.

Ah! le Parisien qui a peur! (Tous rient.)

ANATOLE.

Peur, moi... partez, messieurs, je reste.

TOUS.

Bravo!

CACTUS.

Très-bien, mon neveu, je suis content de vous. Moi, je me rends au poste des pompiers.

TOUS.

A nos postes.

CACTUS.

Air : *La petite poste*.

Vous allez être séparés,
Et dans ce bois vous vous verrez
De mille dangers entourés ;
Mais, je le jure, vous serez,
Tous honorés, considérés...
Si vous n'êtes pas dévorés.

REPRISE.

TOUS.

Garde à vous !
Veillons tous.
Courage, *etc.*

(Cactus et Lépée sortent par la droite. — Les paysans s'éloignent de différents côtés.)

SCÈNE II

ANATOLE, seul.

Ah! mais, je la trouve mauvaise... comment, j'arrive à Coulanges-la-Vineuse pour roucouler aux genoux de la belle

Zuladine, et l'on m'oblige à guetter des lions au pied levé!... je voulais chasser une *tourt relle* et je vais peut-être me trouver en présence de trois bêtes fauves. (Regardant autour de lui.) C'est qu'ils m'ont laissé seul, les gredins, et avec un fusil... qui a dû être une arbalète dans le temps... nom d'un chien! pourvu que les lions ne viennent pas flâner de mon côté!...

Air : Par le bout du nez.

Avec mes cheveux pour crinière,
Mes moustaches et mon lorgnon,
Chez plus d'une biche légère,
On m'a surnommé le lion,
Les lions seraient donc mes frères;
Je suis fier de la parenté,
Mais comme ces bourgeois sincères,
Qui prêchent la fraternité...
        Quand je vois mes frères
                En liberté,
Oui, j'ai grand' peur de mes frères.

(Musique. — Il remonte et regarde vers la gauche.)

Ah! mon Dieu, qu'est-ce que j'aperçois là-bas, tout là-bas?... quelquechose de jaune qui remue... Ciel! c'en est un! (Il met en joue en tremblant.) Tirer... tirer sur lui... pour appeler son attention! Il vient de ce côté... (Il pose son fusil contre le banc.) Il m'a vu, peut-être. Oh! cet arbre! (Grimpant dans le gros arbre.) Oh! mon Dieu! faites qu'il me prenne pour un singe...

SCÈNE III

ANATOLE, dans l'arbre, BIBOCHET, puis RAMASSÉ, puis MADRAS. Bibochet arrive à quatre pattes, par la gauche, puis s'arrête, témoigne par ses gestes de sa lassitude et va s'appuyer sur l'arbre dans lequel est Anatole.

ANATOLE, à part *.

Est-ce qu'il voudrait déraciner mon arbre? (Bibochet aperçoit le fusil et court le prendre.) Dieu! mon fusil! s'il allait tirer sur moi! (Ici l'on entend les aboiements d'un chien, regardant à gauche.) Ah! là-bas, un autre lion poursuivi par un chien. (Ramassé arrive de la gauche, il a un morceau de sa peau déchiré; il aperçoit Bibochet, et les deux lions se précipitent dans les bras l'un de l'autre**.) Ah! ils se reconnaissent, ils s'embrassent... ils ont du bon, ces animaux... (Regardant à droite.) Ciel! un troisième lion! (Ici l'on voit Madras entrer par la droite à l'avant-scène avec un panier de vin

____

* Bibochet, Anatole.
** Ramassé, Bibochet, Anatole.

sous le bras et en regardant s'il n'est pas suivi. — A la vue des deux autres, il dépose son panier et court les embrasser *.) Je suis ému... mais s'ils m'aperçoivent, je suis fichu.

BIBOCHET, ôtant sa tête.

Nous sommes seuls.

LES DEUX AUTRES, même jeu.

Seuls.

ANATOLE, à part.

Ah !

RAMASSÉ, passant à droite **.

Ils ont perdu nos traces.

ANATOLE, à part.

Qu'est-ce que je vois ?

MADRAS.

C'est qu'ils nous chassent pour de bon !... Sont-ils bêtes !...

ANATOLE, à part.

Ah ! s'ils n'étaient pas trois...

RAMASSÉ.

Laissons-les faire... je connais leurs fusils... il n'y a pas de danger !

BIBOCHET.

Qu'est-ce que doit dire papa Crockbête ?... Il doit être comme une folle... Ça lui apprendra à vouloir faire le malin avec des artistes.

RAMASSÉ.

D'autant plus qu'il doit être bien gêné... car s'il avoue que nous sommes de faux lions...

BIBOCHET.

On l'intercale au poste pour tromperie sur la marchandise !... mais qu'est-ce que c'est donc que ce panier-là ?

MADRAS.

Ça, ça vous représente le meilleur vin du père Verduret.

BIBOCHET.

Tu lui as pris...

MADRAS.

Moi, prendre !... incapable !... Je traversais la route qui mène du village au bois, lorsque je me trouve en présence du père Verduret ; il marchait en compagnie de ce panier ; il m'aperçoit... tombe d'un côté, son panier tombe de l'autre ; il se relève, ne relève pas son panier et se sauve à toutes jambes ; moi je me sauve aussi, mais en relevant le panier...

* Madras, Ramassé, Bibochet, Anatole.
** Madras, Bibochet, Ramassé, Anatole.

BIBOCHET.

Oh ! triomphe de la bête sur l'homme !

RAMASSÉ.

Ça se trouve bien... j'ai une soif !...

BIBOCHET.

Moi, j'en ai deux !

MADRAS, prenant trois bouteilles dans le panier.

Chacun la nôtre ! (Il en donne une à chacun de ses camarades.)

BIBOCHET.

Et à la santé du roi des forêts !

TOUS.

A la santé du roi des forêts ! (Ils boivent sur la ritournelle de l'air suivant.)

ANATOLE, à part.

Les canailles ! Dieu ! que je suis mal dans le creux de cet arbre... Je me fais l'effet d'un notaire sur un trapèze...

BIBOCHET.

AIR :

Ah ! quel plaisir d'être lions !
Quel plaisir d'être bêtes ! (*Bis ensemble.*)
Pour nous plus de vexations,
D'ennuyeuses courbettes ! (*Bis ensemble.*)

RAMASSÉ.

Quand nous voudrons des aliments,
Nous ne ferons que des rugissements,
Hom !
Des grognements ! (*Bis ensemble.*)
Pour avoir tous les agréments,
Pour être heureux et respecté des gens,
Il ne faut, mes petits enfants,
Qu'avoir des griffes et des dents !

TOUS.

Pour avoir tous les agréments, etc.

ANATOLE, à part.

Ah ! sapristi ! Je crois que je m'enrhume !

DEUXIÈME COUPLET.

MADRAS, prenant le milieu *.

Sans travailler, dans la forêt,
Entouré d' ses amantes, (*Bis ensemble.*)
Un lion vit comm' s'il avait
Cent mille francs de rentes. (*Bis ensemble.*)

* Bibochet, Madras, Ramassé, Anatole.

Pour témoigner son sentiment,
V'là comme il peint sentimentalement,
Hom !
Son sentiment.   (*Bis ensemble.*)
Pour avoir tous les agréments,
Pour être heureux et respecté des gens,
Il ne faut, mes petits enfants,
Qu'avoir des griffes et des dents !

TOUS.

Pour avoir tous les agréments, etc.

(Ils dansent en rond sur la ritournelle, puis Madras remet les bouteilles
dans le panier.)

ANATOLE, à part*.

Allons, bon ! v'là que j'ai envie d'éternuer !

MADRAS, allant porter le panier de vin dans la coulisse de gauche.

Si nous restions lions, ça serait peut-être un état lucratif.

ANATOLE, cherchant à se retenir.

Atch... atch...

TOUS LES TROIS, se regardant.

Dieu te bénisse !...

ANATOLE, éternuant.

Atchi !...

TOUS TROIS.

Quelqu'un ici !... (Ils se retournent.)

ANATOLE, éternuant et laissant tomber sa casquette.

Atchi... !

LES TROIS LIONS, l'apercevant.

Ah !...

BIBOCHET.

Mon rival !...

ANATOLE.

Ne faites pas attention, messieurs, je me repose... Allez...
allez... continuez, je n'écoute pas.

BIBOCHET, prenant le fusil et le mettant en joue.

Descends, descends tout de suite, ou je tire. (Ramassé et
Madras vont à l'arbre.)

ANATOLE **.

Ne tirez pas, ne tirez pas... je desc... je descends. (A Madras qui
veut le saisir le premier.) Ne me tirez pas les jambes. (Il se laisse
glisser au bas de l'arbre.)

* Madras, Bibochet, Ramassé, Anatole.
** Madras, Bibochet, Anatole, Ramassé.

LES TROIS LIONS.

Ah ! nous le tenons ! (Bibochet a posé le fusil contre l'arbre.)

ANATOLE.

Messieurs, expliquons-nous en gentilshommes.

BIBOCHET.

Nous voulions donc espionner les amis ?

RAMASSÉ.

Trahir notre incognito ?

MADRAS.

Faire de la peine à Bibi ?

ANATOLE.

Je ne connais pas M. Bibi, mais je vous jure...

BIBOCHET.

Allons, tais-toi !

ANATOLE.

Comment, que je me taise !... Ah ! çà, mais, à la fin !... vous m'ennuyez !... et puisque vous n'êtes que des hommes... des simples hommes...

BIBOCHET.

Eh bien ?

ANATOLE.

Je vais vous dénoncer aux autorités compétentes.

MADRAS.

Aux autorités !

ANATOLE.

Et nous verrons ce qu'elles diront à des intrigants qui ne craignent pas de révolutionner un pays... de jeter l'effroi dans une douce contrée, et de me faire faire le singe !... (Il va pour sortir, les trois lions l'entourent.)

BIBOCHET.

Pardon ! pardon, cher rival...

ANATOLE.

Quoi ?

BIBOCHET.

La forêt est solitaire... vous êtes un et nous avons mille raisons pour nous croire trois !...

RAMASSÉ.

Tel que vous me voyez, j'ai enlevé six cuirassiers à bras tendus...

MADRAS.

On m'a cassé des pierres de taille sur le ventre !...

BIBOCHET.

Je casse un fer à cheval avec mes dents.

ANATOLE.

Messieurs, je ne comprends pas !

BIBOCHET.

Vous allez comprendre... Nous voulons que notre secret soit gardé...

ANATOLE.

Mais...

RAMASSÉ.

Six cuirassiers à bras tendus !

MADRAS.

Des moëllons sur l'abdomen ! (Madras et Ramassé remettent leurs têtes.)

BIBOCHET.

Et moi...

ANATOLE.

Oui, le fer à cheval... Ça suffit, messieurs, je me tairai.

BIBOCHET.

Et ce n'est pas tout... Pour des raisons à moi... je désire changer de peau avec la tienne.

ANATOLE.

Avec la mienne ! (Se boutonnant.) Voilà ce que je voudrais bien voir, par exemple !

BIBOCHET.

Vous serez satisfait. (Il va remettre sa tête.)

MADRAS, regardant vers la droite.

Alerte ! alerte ! Des hommes là-bas !... (Il revient près d'Anatole.)

ANATOLE.

Ah ! c'est du renfort ! (Criant.) Au secours ! A la gar...

RAMASSÉ, lui mettant la main sur la bouche.

Taisez-vous donc, bavard !

BIBOCHET, regardant à droite *.

Ils approchent... Emmagasinons ce gandin...

MADRAS.

Où ça ?

BIBOCHET.

Dans la cabane du garde. (A Anatole.) Et si tu pousses un cri, je te fracture une côte.

* Madras, Anatole, Ramassé, Bibochet.

ANATOLE.

Messieurs !... au nom de l'honn...

BIBOCHET.

Une, deux, enlevé ! (On enlève Anatole.)

ENSEMBLE.

Air : *Il faut du mystère.*

Ne dis rien,
Songe bien,
Qu'en notre présence,
Tu périras, si tu dis
Un seul mot à tes amis.

ENSEMBLE.

ANATOLE.	LES TROIS LIONS.
Plus moyen !	Ne dis rien,
Je vois bien	Songe bien,
Que sans espérance,	Etc.
Je périrais, si je dis,	
Un seul mot à mes amis.	

(Ils sortent par la gauche)

SCÈNE IV

CACTUS, LÉPÉE, QUATRE POMPIERS. Cactus et Lépée marchent entre les pompiers comme s'ils étaient arrêtés. Ils entrent par la droite.

MÊME AIR

Commençant dans la coulisse.

Avançons ;
Nous avons,
La douce espérance
De retrouver nos amis.
Si tous ne sont pas occis,

L'ÉPÉE, chantant.

Arrêtons-nous ici !...
L'aspect de

(Parlé.) Ce carrefour...

CACTUS.

Oui, c'est ici que nous avons laissé mon neveu.

LÉPÉE.

Nous allons le relever... (Regardant autour de lui.) Mais je ne l'aperçois pas.

CACTUS.

C'est étrange... (Appelant.) Anatole ! Anatole !...

TOUS, appelant.

Monsieur Anatole!...

CACTUS.

Rien... il faut le retrouver... Partons, messieurs.

LÉPÉE, trouvant le fusil.

Tiens, un fusil!... celui de M. Anatole...

CACTUS, le prenant.

Son fusil... oui, je le reconnais... Quelle sinistre pensée!...
(Il rend le fusil à Lépée qui le remet contre l'arbre.)

L'UN DES POMPIERS, trouvant la casquette.

Et une casquette. (Il la donne à Cactus.)

CACTUS.

La sienne!

LÉPÉE.

Grand Dieu! M. Anatole...

CACTUS.

AIR : As-tu vu la casquette.

La voilà,
Sa casquette ! (Bis.)
La voilà !
Et mon neveu n'est plus là !
Quoi plus rien que ces débris !
Rien de sa toilette !
Ils ont mangé, mes amis,
Jusques à ses habits !

ENSEMBLE.

La voilà,
Sa casquette ! (Bis.)
La voilà,
Et ^{mon}/_{son} neveu n'est plus là !

LÉPÉE.

Pauvre M. Anatole!

CACTUS.

C'est affreux! mon neveu!... mon héritier! mangé comme
un mouton!...

LÉPÉE.

A la fleur de l'âge!

CACTUS.

Un garçon qui promettait tant!... oh!... c'est à maudire
l'histoire naturelle!...

LÉPÉE.

Ah! Cactus, du courage!...

CACTUS.

Du courage... oui, j'en aurai... d'autant qu'il n'y a plus de danger...

LÉPÉE.

Comment cela ?

CACTUS.

Le lion ne dévore pas par cruauté, mais par appétit... Quand ce carnivore est repu, il cesse de faire des démarches pour se nourrir... j'en conclus que, s'ils ont dîné avec mon neveu, c'est très-heureux pour nous.

LE POMPIER, regardant à droite.

Ah! voyez donc là-bas!...

CACTUS et LÉPÉE, reculant effrayés.

Les lions !

LE POMPIER.

Non, non, le dompteur et sa fille!

CACTUS.

L'infâme Crockbête !

LÉPÉE.

Le scélérat qui est cause...

CACTUS, pleurant.

Que mon pauvre neveu...

LÉPÉE.

Il faut le saisir, l'arrêter, il répondra des dégâts causés par ses animals...

CACTUS.

Le voici... attention ! (Ils se cachent à gauche à l'avant-scène derrière le massif. Crockbête et Zuladine entrent par la droite en ayant l'air de chercher.)

SCÈNE V

LES MÊMES, CROCKBÊTE, ZULADINE.

CROCKBÊTE *.

Où se sont-ils fourrés ces brigands-là?

ZULADINE.

Pauvre Bibochet!

CROCKBÊTE.

Tiens, ne me parle pas de lui. Si je le tenais là, je crois que je l'étranglerais.

---

* Cactus, Lépée, Crockbête, Zuladine.

ZULADINE.

Ah! mon père, après tous les services qu'il vous a rendus!

CROCKBÊTE.

Certes, de mes trois lions c'était le plus intelligent.

CACTUS, à part.

Un des lions s'appelait Bibochet.

CROCKBÊTE.

Mais il osait t'aimer.

CACTUS, à part.

Qu'entends-je !

ZULADINE.

Et je l'aimais aussi, moi.

CACTUS, à part.

Horreur !

CROCKBÊTE.

Jamais je n'aurais consenti à cette union.

CACTUS, à part.

Honnête homme !

LÉPÉE, bas à Cactus.

Il faut l'empoigner.

CACTUS, bas.

C'est mon avis. (Ils s'approchent tout doucement, ainsi que les pompiers.)

ZULADINE.

C'est bien pour cela qu'il s'est sauvé.

CROCKBÊTE.

Me mettre dans un semblable embarras!... Que répondre aux autorités quand elles viendront me dire...

LÉPÉE.

Au nom de la loi!... je vous arrête !...

CROCKBÊTE.

Hein!...

ZULADINE.

Ciel !...

CACTUS, aux pompiers.

Emparez-vous de cet homme!

CROCKBÊTE.

M'arrêter, pourquoi?

CACTUS.

Pourquoi?... parce que mon neveu vient d'être dévoré... dévoré par vos lions...

CROCKBÈTE.

Votre neveu?...

ZULADINE.

M. Anatole?...

CACTUS, montrant la casquette.

Voilà tout ce qu'il en reste.

CROCKBÈTE, à part.

Les imbéciles!... (Haut.) Et vous m'arrêtez!... Voulez-vous donc que tout le village soit dévoré comme votre neveu?... voulez-vous être dévorés vous-mêmes?

TOUS.

Dévorés!... (Lépée remonte et passe entre Crockbète et Zuladine.)

CROCKBÈTE *.

Moi seul, je puis vous sauver... et je ne vous demande qu'une demi-heure pour réintégrer les trois lions dans leur cage.

LÉPÉE.

Une demi-heure?

CACTUS.

Mais si vous ne les apercevez pas, vos lions?

LÉPÉE.

Et si vos lions nous aperçoivent?...

CROCKBÈTE.

Gardez-vous bien de tirer sur eux... Jetez-vous à plat-ventre... faites les morts, pour ne pas l'être.

CACTUS.

Oui, je me suis laissé dire qu'en pareil cas, pour vivre, il ne faut pas respirer.

CROCKBÈTE, désignant les pompiers.

De même, je vous conseille de renvoyer ces messieurs à leur caserne... car la vue des casques et des sabres attire particulièrement l'attention des carnivores.

LÉPÉE, aux pompiers.

Allez-vous-en, messieurs... séparons-nous. (Il passe à droite.)

CROCKBÈTE, aux pompiers **.

Air :

Partez donc sans moi.
(Aux autres.)
Soyez sans effroi...
Ils seront domptés, ou me diront pourquoi.

* Cactus, Crockbète, Lépée, Zuladine.
** Cactus, Crockbète, Zuladine, Lépée.

Je les trouverai,
J'en triompherai,
Et bientôt ici je vous les livrerai.

REPRISE DE L'ENSEMBLE.

CROCKBÈTE.

Partez donc sans moi... etc.

ZULADINE.

Je ne sais pourquoi
Je tremble d'effroi !
Comment tout cela finira-t-il pour moi ?
Tout doit m'affliger !
D'un pareil danger
Mon père, à coup sûr est homme à se venger !

LES AUTRES.

Soyons sans effroi !
Les lions, je croi,
Seront tous domptés, ou lui diront pourquoi.
Vous les trouverez,
En triompherez,
Et, vous le jurez, vous nous les livrerez !

(Crockbète sort par la gauche avec Zuladine, et les pompiers s'éloignent
par la droite. Cactus tombe assis sur le banc à gauche.)

SCÈNE VI

CACTUS, L'ÉPÉE, puis MADRAS et RAMASSÉ, ensuite
CROCKBÈTE.

L'ÉPÉE, à Cactus.

Eh bien, venez donc !

CACTUS.

Y pensez-vous ?... suivre leurs casques pour que les lions
nous suivent ?... et puis, les émotions, la fatigue m'ont
brisé !... Ah ! je voudrais partager le sort de mon neveu !

L'ÉPÉE, venant s'asseoir à côté de lui.

M. Cactus...

CACTUS, impatienté.

Laissez-moi pleurer un instant. (Ici Madras et Ramassé paraissent au fond venant de la gauche, chacun tient sa tête de lion à la main.)

MADRAS, au fond *.

Ah ! çà, est-ce que nous allons rester en lions toute la
vie ?

RAMASSÉ, de même.

Bibochet a trouvé des habits, lui ; mais nous, comment
nous en procurer ?

* Cactus, Lépée, Madras, Ramassé.

3.

LÉPÉE, cherchant toujours à consoler Cactus.

M. Cactus...

CACTUS.

Un si bon jeune homme!...

MADRAS, prêtant l'oreille.

Hein ?...

RAMASSÉ, de même.

Quelqu'un !...

LÉPÉE, à Cactus.

Allons, du courage !

MADRAS, apercevant Cactus et Lépée, bas à Ramassé.

Le savant et le garde champêtre!... et nous qui avions besoin d'habits à bon marché !

RAMASSÉ, bas.

C'est la Belle-Jardinière qui nous les envoie !

MADRAS, bas.

Vite, remettons nos têtes ! (Ils les remettent.)

CACTUS, à Lépée.

Pardonnez-moi ce tribut offert à la douleur... Désormais, je vous donnerai l'exemple de l'insensibilité. (Se levant, ainsi que Lépée.) Mais le temps passe... Les lions ont déjeuné avec le neveu... tâchons qu'ils ne dînent pas avec l'oncle. — Venez, Lépée, venez. (Ici Madras et Ramassé font entendre des rugissements, puis descendent la scène. — Cactus et Lépée se retournent, les aperçoivent et jettent un grand cri. — Musique.)

LÉPÉE.

Les lions !... voilà les lions !...

CACTUS.

Trop tard !... Couchons-nous, Lépée, couchons-nous ! (Ils se couchent à terre à plat ventre.)

LÉPÉE *.

Mon Dieu, si j'en réchappe, je ne me refuserai plus rien le restant de mes jours ! (Les deux lions roulent un peu Cactus et Lépée, puis Ramassé prend le chapeau de Lépée.) Il me prend mon chapeau !... il commence par le commencement. (Madras enlève le chapeau de Cactus.)

CACTUS.

Et le mien aussi !... Ils aiment la paille... tant mieux. (Madras lui retire une manche de sa redingote.) Tiens, il me tire ma redingote ! (Ramassé retire une manche de la veste de Lépée.)

LÉPÉE.

Et moi ma veste !

* Madras, Cactus, Lépée, Ramassé.

CACTUS.

Ils nous déshabillent... quels drôles de lions !

LÉPÉE.

Mais c'est donc qu'ils veulent nous dévorer tout crus !
(Crockbête, qui vient d'entrer par le fond à gauche en cherchant, aperçoit ses lions, s'approche vivement d'eux et leur donne à chacun un coup de pied au derrière.)

CROCKBÊTE.

Ah ! brigands ! scélérats ! bandits ! (Il les poursuit à coups de pied et de cravache. — Madras et Ramassé se sauvent dans le coin à gauche, en emportant les deux chapeaux qu'ils ont enlevés.)

LÉPÉE, se relevant *.

Monsieur Crockbête !... (Il remet sa veste.)

CACTUS, de même.

Nous sommes sauvés ! (Il remet sa redingote.)

CROCKBÊTE, menaçant ses lions de sa cravache.

Immobiles, canailles !... ne bougez pas !... (Bruit en dehors.)

LÉPÉE, regardant.

Tous nos chasseurs !... (Criant.) Par ici !... Par ici !... (Les pompiers entre par la droite. — Les paysans arrivent de tous les côtés ; les paysannes les suivent et restent derrière eux.)

SCÈNE VII

LES MÊMES, PAYSANS, PAYSANNES, POMPIERS.

CHŒUR.

Air de *La savonnette impériale.*

O ciel ! quelle aventure !
Fatal événement !
Ah ! ce jour nous procure
Bien du désagrément !

(Les pompiers et les paysans mettent les lions en joue.)

CACTUS.

Tirez !... feu de peloton !

CROCKBÊTE s'interposant.

Arrêtez !... ne bougez pas, ou vous êtes morts ! Ils sont tranquilles !... Je les redoute !... (A Ramassé) Ici, Alfred !... debout !... faites le beau !... (Ramassé obéit. — A Madras) Zoé, saluez la société !... (Madras obéit.)

CACTUS **.

C'est affreux de penser que mon neveu est peut-être dans l'estomac de Zoé !...

* Ramassé, Madras, Crockbête, Cactus, Lépée.
** Madras, Ramassé, Crockbête, Cactus, Lépée.

CROCKBÊTE.

Alfred, allez faire vos excuses à M. Lépée... Zoé, faites les vôtres à M. Cactus... car je sais vos escapades.

LÉPÉE, vivement.

Ce n'est pas la peine... monsieur Alfred, je vous pardonne.

CROCKBÊTE.

Reportez-leur les chapeaux que vous leur avez dérobés... allez !... (Madras et Ramassé vont rendre à Cactus leurs chapeaux. — Ceux-ci les prennent avec frayeur et passent à gauche.)

CACTUS [*].

Ah ! Zoé, que ne pouvez-vous aussi me rendre mon neveu !

LÉPÉE, regardant à gauche.

Votre neveu ?... Mais le voilà !

CROCKBÊTE, regardant aussi.

M. Gérard avec ma fille dans un bois !

SCÈNE VIII

LES MÊMES, BIBOCHET, ZULADINE. Bibochet, sous le costume d'Anatole, entre avec Zuladine par le premier plan à gauche.

BIBOCHET [**].

Venez, charmante Zuladine... suivez-moi.

ZULADINE.

Mais monsieur, c'est un enlèvement... et je ne dois pas...

CACTUS, allant à Bibochet et le prenant dans ses bras.

Mon neveu !... dans mes bras !... dans mes bras !...

BIBOCHET, se dégageant et se trouvant face à face avec Crockbête [***].

Aïe !

CROCKBÊTE.

Bibochet !

CACTUS, stupéfait.

Le lion Bibochet qui est devenu mon neveu !...

ANATOLE, en dehors.

Vengeance !... vengeance !... (Mouvement général.)

TOUS, regardant à gauche, avec effroi.

Ciel !... le troisième lion !... (Zuladine passe près de Bibochet.)

[*] Lépée, Cactus, Crockbête, Madras, Ramassé.

[**] Lépée, Zuladine, Bibochet, Cactus, Crockbête, Madras, Ramassé.

[***] Lépée, Zuladine, Cactus, Bibochet, Crockbête, Madras, Ramassé.

LÉPÉE *.

Monsieur Crockbête, sauvez-nous !

CROCKBÊTE.

Mais ce lion-là, je ne le connais pas !...

SCÈNE IX

LES MÊMES, ANATOLE, en lion.

ANATOLE, entrant par la gauche **.

Vengeance !... vengeance !... (Allant à Cactus.) Ah ! mon oncle !...

CACTUS, étonné.

Un lion qui m'appelle son oncle !...

ANATOLE, ôtant sa tête de lion.

Vengez-moi !... vengez-nous !... ces lions sont de faux lions !... le pays est mystifié !...

TOUS.

Mystifié ! (Cactus passe près de Crockbête.)

CROCKBÊTE ***.

Eh bien, oui !... (Madras et Ramassé retirent leurs têtes de lions.)

AIR des *Bavards*. (Offenbach.)

Mais faites silence, lence,
Je vous tiens en ma puissance !
(Montrant la permission que lui a donné Lépée au premier acte.)
Car cette permission,
Sera notre caution,
Et si je me venge, venge,
Je prouverai que Coulange,
Prend pour des lions de l'Atlas,
Des lions qui n'en sont pas !

CACTUS, bas aux autres.
Pour nous c'est le ridicule,
Taisons-nous,
Taisons-nous tous !
Avalons cette pilule...
Taisons-nous,
Oui, taisons-nous.

CHOEUR, à mi-voix.
Taisons-nous ! (*Bis.*)
Taisons-nous !
Taisons-nous tous !
Taisons-nous ! (*Bis.*)
Amis, taisons-nous !

* Lépée , Cactus, Crockbête, Zuladine, Bibochet, Madras, Ramassé.

** Lépée, Cactus, Anatole, Crockbête, Zuladine, Bibochet, Madras, Ramassé.

*** Lépée, Anatole, Cactus, Crockbête, Zuladine, Bibochet, Madras, Ramassé.

ZULADINE, au public.

Le plus grand silence, lence !...
Les pièces de circonstance
N'attendent, au dénoûment,
Pour tout encouragement,
Qu'un parfait silence, lence...
C'est notre seule exigence ;
Mais, si l'on nous applaudit,
Nous autorisons le bruit.
Sauvez-nous du ridicule ;
 Taisez-vous,
  Grâce pour nous !
Avalez cette pilule...
 Taisez-vous,
Taisez-vous tous !

CHŒUR.

Taisez-vous ! (*Bis.*)
 Taisez-vous,
Taisez-vous tous !
 Taisez-vous ! (*Bis.*)
Messieurs, taisez-vous !
Sauvez-nous du ridicule ;
 Taisez-vous,
Taisez-vous tous !
Avalez cette pilule...
 Taisez-vous,
Taisez-vous tous !

FIN

Imprimerie de L. TOINON et Cie, à Saint-Germain.